AF313046

DISCOURS

DE

M. LE COMTE DE PEYRONNET,

PRONONCÉ DEVANT LA COUR DES PAIRS,
LE 19 DÉCEMBRE 1830.

MESSIEURS,

CE n'est point une défense que je me propose de sou-
mettre à vos Seigneuries. Ce soin conviendra mieux à
d'autres que moi. J'espère que personne ne se mépren-
dra, ni maintenant, ni dans l'avenir, sur les motifs qui
me déterminent à y renoncer. Je l'ai remis à un homme
qui s'attache par le malheur, comme d'autres par la fortune, et en qui les sentimens généreux l'emporteraient
sur son talent même, si quelque chose pouvait l'emporter
sur son talent. Ce sera lui qui vous parlera de mes droits
et de mes actions politiques. Il vous dira mon procès;
mes sentimens sont la seule part que je me sois réservée :
témoignage difficile à rendre pour soi-même, et que nul
cependant ne peut rendre aussi bien que soi.

Je me flatte, Messieurs, que vous ne serez pas offen-
sés que je vous parle de moi. C'est le triste privilége des
accusés et des malheureux. La justice, qui frappe

l'homme tout entier, a besoin aussi de le connaître tout
entier, pour en porter un bon jugement.

Je me flatte encore que vous m'excuserez, si j'exprime
avec quelque franchise le peu que j'ai à vous dire. Deux
hommes fameux dans l'antiquité furent accusés d'avoir
transgressé les lois de leur pays. Le fait était véritable.
L'un d'eux se défendit avec timidité, et il s'en fallut de
peu qu'il ne succombât. L'autre se défendit sans dégui-
sement et sans faiblesse : il fut absous avec de grandes
acclamations. Je ne me compare pas à de tels hommes ;
il n'est pas besoin de le dire : mais je vous compare,
vous, Messieurs, à leurs juges, et je ne doute pas
qu'une certaine liberté de langage ne plaise à votre générosité comme elle plut à la leur.

On a dit de nous que nous n'avions plus de juges
sur la terre de France. Je crois ce mot plein de vérité,
et je me sens engagé d'honneur à le dire, quoique
dans l'habitude commune de la vie, il n'y ait personne
que je n'acceptâsse pour juge de mes actions, et vous,
Messieurs, bien plus assurément que qui que ce fût. C'est
en obéissant à ce penchant, qui m'est naturel, que sans
m'occuper davantage de vos droits, que je ne puis avoir,
comme vous le comprenez aisément, l'intention d'étendre ; sans m'inquiéter non plus des miens, qui seront
si bien établis, et que je ne puis avoir la volonté de res-
treindre, je saisirai, telle qu'elle est, l'occasion
qui m'est offerte, d'expliquer quelques circonstances de
ma vie, certain que dans un tribunal tel que le vôtre,
il n'est pas à craindre qu'on induise d'une confiance si
juste et si nécessaire, des conséquences contraires à des
vérités de doctrine qu'il m'importe de confirmer et de
maintenir.

J'étais bien jeune encore quand l'ancienne révolution

éclata. Le premier spectacle auquel j'assistai dans le Monde fut celui de l'anarchie et des proscriptions. Le premier bienfait que je reçus de la puissance publique, fut l'exil et l'indigence pour moi, la captivité et l'échafaud pour mon père. Le trône brisé, les gens de bien condamnés, les possesseurs dépouillés, les peuples trompés et mis sous le joug, voilà ce qu'il me fallut voir et pleurer. L'impression en a été profonde et durable. Mes réflexions et mes sentimens furent d'accord pour m'éloigner du parti populaire dont la domination avait été si dure pour mon pays et pour moi.

Quand la France obtint un peu de relâche, j'étais déjà sorti de l'enfance. J'étais de ces jeunes hommes dont M. Necker a fait un si juste éloge, et dont l'indignation généreuse fut peut-être le plus fort obstacle au retour d'une ignoble et sanguinaire oppression. Il y avait pourtant encore des proscrits. Mon cœur ouvert à des sentimens qu'on peut, je crois, avouer, se soulevait à l'idée du sort qui les menaçait. Plusieurs durent leur salut à des entreprises hardies, dont il doit m'être permis aujourd'hui de revendiquer ma part. C'est ainsi que commençait ma jeunesse. Je consolais mes malheurs irréparables, en réparant ou détournant ceux d'autrui.

Les séquestres et les désordres du tems avaient détruit la meilleure part de mon patrimoine. J'allai, à vingt ans, demander asile à cette profession généreuse où florissaient alors tant d'hommes supérieurs, parmi lesquels vous nommerez vous-mêmes, sans que je les nomme, celui qui siége avec tant d'éclat et d'autorité au milieu de vous, et celui dont l'éloquence brillante excitait, hier encore, une si juste admiration; vieux ami, vieux compagnon de toute ma vie, que je perdis un instant dans le tumulte des affaires publiques, et que mes malheurs m'ont rendu, comme pour tempérer eux-mêmes leur propre amertume. Là, Messieurs, se donnaient chaque jour de précieuses leçons d'honneur, de désintéressement et de loyauté. Je les recueillais avec soin et les suivais de mon mieux. Peut - être se trouvera-t-il quelqu'un près de vous, qui aimera à vous dire que mes efforts ne furent pas tout-à-fait perdus, et que, bien jeune encore, l'estime publique en devint le prix. Mon premier essai, ces souvenirs nous sont toujours chers, avait été heureux et de bon augure : treize royalistes traduits devant un conseil de guerre et menacés de mort, étaient restés sans autre appui que mon zèle. Ce faible appui leur suffit pourtant, et j'eus la consolation de les voir absoudre.

Cependant le Directoire succombait, le Consulat cédait lui-même à l'Empire. L'avenir ne sera pas moins ébloui que nous de l'éclat prodigieux de cette fortune qui remplit le Monde. J'en aimais la gloire et non la puissance. Les formes et le principe de cette puissance choquaient mes doctrines et mes affections. Dans ce tems néanmoins, un emploi me fut accordé. Je pouvais hésiter et même accepter ; car il y avait alors du prestige, et cette grandeur inouïe avait de quoi frapper et séduire. Cependant, je restai fidèle à moi-même, et me dérobai, sans ostentation, aux engagemens qu'il m'eût fallu contracter.

Mais le tems changea la face des choses. L'europe, tant de fois vaincue, s'unit et se souleva. Cette immense fortune, qui flattait l'orgueil de la France, eut de terribles retours. Le sceptre revint à la race de nos anciens Rois. Mon cœur s'émut, et mes plus chers sentimens furent satisfaits. Je crus voir le terme de nos longues guerres, et d'une oppression pesante et funeste, malgré le voile de gloire qui la recouvrait. Je me réjouissais donc et m'applaudissais. Mais content de mon sort et du bonheur que j'espérais pour la France, on ne me vit point rechercher le prix de mon adhésion. La carrière des emplois publics se serait peut-être facilement ouverte pour moi. La foule y courait : je ne me mis point à sa suite ; je ne demandai et ne reçus rien.

Un an après, tout changeait encore : c'était les Cent-Jours. Je vivais alors dans la retraite, partagé entre mes regrets et mes espérances. Néanmoins la gendarmerie fut envoyée deux fois et en grand nombre pour entourer ma maison et m'en arracher. Un ordre me fut notifié, malgré mes trente-six ans et mes quatre enfans, pour aller rejoindre, comme soldat, je ne sais plus laquelle de nos armées. Il est difficile de dire quels actes auraient succédé à ceux-ci; mais survint la seconde Restauration.

On vit alors dans mon pays, Messieurs, ce qu'is'est vu ailleurs, quoique avec d'autres résultats. Le jour même qu'on apprenait l'entrée du Roi à Paris, le peuple, dont j'avais inutilement essayé de contenir l'impatience, voulant devancer un événement désormais certain et inévitable, résolut d'arborer le drapeau blanc, et fit retentir les places publiques du cri de *vive le Roi!* Les soldats furent envoyés, et ils firent feu, et des victimes tombèrent. Deux personnes (j'étais l'une des deux) entreprirent d'arrêter les suites de ces violences. Elles allèrent vers celui qui avait tout pouvoir dans la ville. La réponse fut un ordre d'arrestation pour la personne que j'accompagnais.

Quatre jours plus tard, l'autorité royale était reconnue. Les murs de la ville furent au même instant couverts d'une proclamation, où j'exhortais le peuple à s'abstenir de toute vengeance. Moi-même, montant à cheval, je me précipitai vers la citadelle, pour calmer et disperser les rassemblemens qui se préparaient à assaillir la faible garnison qu'on y avait laissée. Ma voix, populaire alors, car elle l'a été aussi, ne fut pas méconnue. On n'exerça point de représailles, et les victimes de la veille ne reçurent pour expiation, que des regrets (1).

Et lorsque peu d'années après (pourquoi ne le dirais-je point?) l'officier général qui avait eu le commandement, crut avoir besoin de mon intervention et la réclama, elle ne lui fut point inutile.

C'est l'époque où j'entrai pour la première fois dans les fonctions publiques. Le collége de l'arrondissement de Bordeaux venaient de me nommer, moi absent et ne prétendant à rien, candidat pour la députation de la Gironde. Le collége du département avait accueilli cette candidature avec une grande faveur, et l'un des plus considérables citoyens de la province ne l'avait emporté

---

(1) Deux frères, connus par leur singulière ressemblance et par leurs malheurs, perdirent là vie quelques mois après. Mais leur procès, quoique jugé à Bordeaux, n'avait pas sa source dans les évènemens de cette ville. J'étais alors à Paris, chargé d'une mission par le collége électoral de la Gironde. Si j'avais été dans mon pays, j'aurais certainement défendu les deux accusés. Comme je l'ai dit et publié dans ce tems, j'ai le droit de le publier de nouveau et de le redire. Ce n'eût pas été d'ailleurs la première fois : il n'y avait pas bien long-tems que, bravant pour eux les ressentimens et les violences de leurs nombreux ennemis, j'étais allé dans leur propre ville, exposer ma sûreté et peut-être même ma réputation, pour préserver, sinon leur vie, au moins leur fortune, près de tomber tout entière au pouvoir de ceux qui les poursuivaient.

que de quelques voix , dans un ballotage. La présidence
du tribunal civil de Bordeaux me fut donnée peu de jours
après. Ce ne seraient pas des voix amies , Messieurs ,
que je voudrais choisir pour attester le soin que je mis
à remplir dignement cet emploi difficile. Ce serait celle
de mes ennemis. Ce serait par eux que je voudrais faire
dire si , dans ce tems de partis , l'esprit de parti dictait
les jugemens que je prononçais , et s'il y avait d'autre
faveur à attendre de moi , que celle qui est due à
l'honnêteté et au bon droit.

Pendant que j'exerçais encore ces fonctions , il survint
une affaire dont ma position actuelle m'autorise , je crois ,
à rappeler quelques circonstances. Un complot politique
fût ourdi et découvert à Bordeaux. Le chef de ce complot portait , autant qu'il m'en souvient , le nom de Ran-
don. Parmi ses complices , figurait un pauvre artisan qui
avait servi dans la garde nationale avec moi, quand j'y
commandais une cohorte. La femme de ce malheureux
vint me demander de joindre ma signature à quatre ou
cinq autres qu'elle avait déjà obtenues sur un de ces
certificats insignifians dont les juges font en général assez
peu de cas. Je m'y refusai. Oui, Messieurs, je m'y refusai; mais voici de quelle manière : Faites-moi citer ,
dis-je à cette femme , et que ma qualité de magistrat ne
vous arrête point; ma présence et ma voix feront plus
pour vous que ma signature. Elle suivit ce conseil, Messieurs, et moi je tins ma promesse. Ce que l'ancien avo-
cat ne pouvait plus faire, le témoin le fit. Mes sentimens
bien connus donnèrent quelque crédit à mon langage :
les autres accusés succombèrent, mais celui-là fut absous.

Deux ans étaient à peine écoulés, que les fonctions de
procureur-général me furent confiées. J'ose à peine vous
dire, Messieurs, sur le témoignage de qui , car le ministre à qui je devais cette récompense, siége maintenant

au premier rang de mes juges. Si ces nouveaux devoirs furent bien remplis, Messieurs, les faits vous l'apprendront plus convenablement que moi. L'un de mes premiers actes fut de favoriser le retour d'un homme qui a été porté récemment à une grande place de magistrature, et que les malheurs des précédentes années tenaient éloigné de son pays. Bientôt, des élections étant survenues, les suffrages, offerts et non sollicités, d'un département où les étrangers inspirent difficilement la confiance, m'ouvrirent tout-à-coup une autre carrière, où je devais rencontrer tant de vicissitudes et de travaux. Au même moment, de nouvelles graces du Roi, bien flatteuses et bien imprévues, venaient confirmer l'approbation que les électeurs de mon ressort m'avaient accordée. Un ressort plus populeux et plus important m'était assigné, et pour que rien ne manquât aux encouragemens que je recevais, la direction de votre propre parquet était remise en mes mains.

L'épreuve était périlleuse, Messieurs, et les incertitudes de ce tems ne contribuaient guère à m'en aplanir les difficultés. Je n'ignore point que des préventions se sont formées contre moi depuis le procès que je fus chargé alors de soutenir devant vous. Il est vrai que dans les discussions publiques, comme l'exigeait malheureusement l'état des affaires, j'affectais, sans m'écarter jamais ni de la vérité ni de la loi, une grande apparence de rigidité. Mais la conduite et le langage intérieurs ne répondaient pas toujours à ces apparences. Je n'en citerai qu'un exemple, quoique je pûsse aisément en citer plusieurs. Il s'était établi dans le parquet de la capitale un étrange usage; quand un arrêt avait prescrit l'accusation, quel que fût le résultat du débat oral, les officiers du parquet se croyaient obligés de la soutenir et d'y persister. On appelait cela crécuter l'arrêt d'accusation. Dans le procès dont je parle, le moment de prendre les dernières conclusions étant venu, l'on ne manqua point de m'objecter cette jurisprudence. Qui la repoussa, Messieurs? qui refusa d'en reconnaître l'autorité? qui en fit voir les périls et l'inconséquence? qui s'obstina, presque seul, dans un système contraire et nouveau? qui prit sur lui la responsabilité de ce changement? qui retrancha enfin de sa propre main tout une moitié des conclusions rigoureuses qu'il eût fallu prendre pour se conformer à l'arrêt d'accusation? Hélas! Messieurs, celui à qui des préjugés profonds et insurmontables attribuent peut-être encore aujourd'hui une sévérité qu'il a combattue, et qui n'était ni dans son cœur ni dans sa raison.

Ce procès, Messieurs, se lie à l'époque où je fus admis dans les conseils du Roi. Cette faveur fort inattendue n'avait jamais été, tant s'en faut, l'objet de mon ambition. Le Ministère de M. le duc de Richelieu comptait dans son sein des hommes qui m'honoraient de leur amitié, et que je secondais de tout mon pouvoir. Tout récemment encore, une proposition solennelle avait été faite dans l'autre chambre pour demander au Roi le renvoi de ce Ministère, et je fis un discours, qui a été imprimé, pour combattre la proposition. C'eût été, on en conviendra sans doute, une étrange voie pour parvenir à le supplanter, et je doute qu'il arrive souvent à ceux qui convoitent les portefeuilles, de prétendre qu'on doive les laisser à ceux qui les ont.

J'entrais trop jeune aux affaires pour avoir une influence réelle sur leur direction, et je puis répéter après Sunderland, mais à meilleur droit que lui. « J'ai oc-
» cupé un poste d'un grand éclat, sans pouvoir et sans
» avantage pendant que j'y étais, et pour ma ruine

» à présent que j'en suis dehors (1). » Tous mes efforts et toute mon autorité se concentraient dans l'administration du département que je dirigeais. C'est de
cela surtout que je dois répondre.

Le but que je me proposai fut de déraciner les abus,
de remettre en honneur l'amour du devoir et de l'ordre,
de former des magistrats fidèles et éclairés. Mes adversaires l'entendent d'une autre manière que moi ; mais
il s'agit de savoir si je ne l'entendais pas comme mon
devoir était de l'entendre. Tout le monde sait maintenant quel était l'état des partis. Dieu me garde de vou-
loir pénétrer dans les mystères de leur organisation
intérieure et de leurs projets. Bien moins encore vou-
drais-je attribuer indistinctement et universellement à
tous ceux qui les composaient les combinaisons et les
espérances qui n'appartenaient peut-être qu'à un faible
nombre. Je ne voudrais pas davantage, car ce n'est
ni le lieu ni le tems, contester ou même examiner le
principe qui servait de base à ces combinaisons. Mais
enfin, quelque chose que l'on en pense, il ne se peut
pas qu'on refuse de reconnaître que je n'étais pas appelé à la défense de ce principe, qu'il était au contraire
opposé à celui que j'étais chargé de défendre ; que
celui-ci était consacré par la constitution de l'État ; que
l'autre était condamné par elle, et que je remplissais
un devoir d'honneur, qui était d'ailleurs pour moi un
devoir de sentiment et de conviction, en prêtant appui
au premier, et repoussant celui que le droit public de
mon pays repoussait.

Si donc, comme on ne cesse de le répéter, j'étais
parvenu régulièrement et sans violence à placer par
degrés dans les tribunaux un grand nombre de magis-

____

(1) Apologie de Sunderland. Mars 1689.

trats attachés au dogme politique dont j'étais l'organe,
il sera naturel sans doute que mes adversaires politiques
s'en plaignent et le regrettent ; mais j'ose croire impossible que mes juges, quels que soient leurs sentimens
politiques, refusent, je ne dis pas de m'en excuser,
mais de m'en louer.

Toutefois des lois difficiles furent successivement pro-
posées pendant le cours de ce Ministère, et, chose bi-
zarre, l'animadversion qu'elles excitèrent, s'est attachée à moi seul, qui n'y avais peut-être que la moindre
part. La loi du sacrilége en est le premier et le plus
remarquable exemple. Comment fus-je conduit à lui
donner la dernière forme qu'elle a reçue? Quels efforts
ne tentais-je pas (vous en avez été les témoins), pour
être dispensé d'y ajouter les dispositions qui ont été la
source de tant de reproches? La majorité l'exigeait; il
fallut céder. C'est qu'il n'est pas équitable de juger de
l'opinion et des préjugés d'une époque, par l'opinion
et les préjugés d'une autre. Aujourd'hui, cette loi est
condamnée avec sévérité, et peut-être même avec justice (1). Mais quand elle fut portée, c'était tout le contraire; et je ne puis oublier que beaucoup de gens,
m'accusaient bien haut de manquer de religion et même
de politique, parce que je m'efforçais de persuader
que la première loi suffisait. La contagion avait fait tant
de progrès qu'elle avait pénétré jusques dans les rangs
de ceux que je ne trouvais pas habituellement parmi
mes amis politiques. Je me souviens même à ce sujet,
qu'un vieux publiciste fort connu et fort spirituel, qui
jouissait dès-lors d'une certaine célébrité, et qui l'a
accrue depuis par des écrits empreints d'une conviction

____

(1) *Deorum injurias, diis curæ.* Qui croirait que ce
mot est de Tibère?

bien opposée , m'adressa une longue lettre que je con-
serve avec soin , pour me reprocher , comme une omis-
sion très-répréhensible , de n'avoir pas ajouté à la loi
quelques articles contre le blasphême. Tant était forte
alors la tendance et la préoccupation des esprits !

L'entraînement n'était pourtant pas si universel que
la loi n'essuyât dès-lors beaucoup de critiques. J'aurais mauvaise grâce de l'oublier en présence de cette
chambre , où tant de voix puissantes s'unirent pour
la repousser. Mais dans cette chambre elle-même , les
plus véhémens ennemis de la loi me rendaient dès ce
tems une justice que je serais heureux d'y retrouver
aujourd'hui ; et je puis montrer un écrit, que la mort
a marqué du sceau de sa funeste authenticité, où l'ora-
teur qui me l'adressait , pénétrant les intentions pré-
voyantes qui avaient présidé à la rédaction du projet,
« combien on vous devra , disait-il , d'avoir exigé du
» moins pour la conviction , ce qui rendra le crime
» même impossible ! »

La loi des successions m'a attiré aussi beaucoup de
reproches. Ce fut assurément un étrange caprice du sort ;
car ce projet appartenait bien plus aux chambres qu'à
moi. Je cédais , selon la règle des gouvernemens parle-
mentaires , au vœu qu'elles avaient exprimé. Quatre
propositions tendant au même but , y avaient été successivement adoptées. Mais je fus blâmé , de ma défé-
rence , comme en d'autres temps je l'ai été de ma
résistance. Les deux systêmes m'ont été également fâ-
cheux.

Le plus grand tort de cette loi était peut-être que le
moment en était passé. Car d'accorder qu'elle ne fût pas
conforme à la nature de notre constitution , c'est à quoi
mon esprit ne peut se résoudre. C'était une loi aristo-

cratique , je l'avoue. Mais l'aristocratie était un élément
constitutif du Gouvernement que Louis XVIII avait
fondé. L'aristocratie est l'un des élémens principaux
de ce Gouvernement que Cicéron propose comme le
plus parfait, et dans lequel la démocratie, dit-il, ne
doit entrer que modérément, *confusa modicè*. Devais-je
craindre de m'égarer avec de tels guides ? Etais-je cou-
pable de faire des lois selon l'esprit de la Charte ? N'en
fallait-il faire que pour une Charte future qui n'existait
pas ?

La loi de la presse vint à son tour. Je ne me plains
ni ne m'étonne, Messieurs, des haines qu'elle m'a sus-
citées. Car enfin les journalistes et leurs actionnaires
n'étaient pas obligés de tenir compte des projets pri-
mitifs et des débats intérieurs. Le public et eux se sont
arrêtés aux apparences ; et cela était naturel. Mais le
conseil-d'état en a connu davantage ; et en ne choi-
sissant parmi ses membres que ceux dont le témoignage
serait le moins suspect à mes ennemis , je pourrais
provoquer des révélations qui exciteraient peut-être quelque surprise. Que dirait-on , par exemple , sans que
je parle des autres détails , ni même des dispositions
fiscales , que dirait-on si l'on apprenait que le projet
proposé par moi , bien que pourvu de précautions et
de garanties, avait pour base l'émancipation des jour-
naux et la suppression du monopole de la presse pé-
riodique ? Ce ne serait pourtant, Messieurs , que la
vérité. C'est la vérité que mon projet adopté et ap-
prouvé par les meilleurs esprits du conseil-d'état , ren-
contra ailleurs des esprits moins faciles et plus exi-
geans , qui lui firent subir tour-à-tour trois métamor-
phoses. C'est la vérité que, les choses venues à ce
point , je proposai avec chaleur, avec trop de chaleur
peut - être , de laisser à d'autres le soin de le pré-
senter.

**

Quand je parle ainsi, Messieurs, ne supposez pas que je désavoue les opinions que j'ai exprimées dans cette discussion mémorable. Le besoin que j'ai de me concilier vos suffrages, ne me portera jamais à une action dont je rougirais. Mes discours sont bien à moi, et je les maintiens ; mais ce n'est pas pour eux, c'est pour la loi qu'on m'accuse, et cette loi que l'on m'attribue n'était pas ainsi quand elle sortit de mes mains.

J'ai obtenu de bonne heure le triste honneur d'avoir des ennemis, effet inévitable d'une vie trop extérieure, d'une humeur trop franche et d'un caractère trop indépendant. Ils m'ont pris dès mon adolescence, dans ces jours de malheur et de ruine, où ma voix vive et hardie redemandait à la politique du tems le sang de mon père qu'elle avait versé. Ils m'ont suivi dans les faibles essais de ma jeunesse, quand mon esprit, ami de l'étude, réparaît par des travaux opiniâtres, mon bonheur détruit et mon patrimoine envahi. Ils m'ont suivi dans les devoirs imposés à mon âge mûr, lorsqu'appliqué à rétablir l'ordre, que j'aime, je l'avoue, avec passion, il était devenu si facile de soulever contre moi tous les abus que je poursuivais, et de donner à des exigences nécessaires l'apparence d'une dure inflexibilité. Mal observé et plus mal connu, condamné rudement et obstinément par l'esprit de parti, qui n'écoute rien, personne n'a pu apprendre mieux que moi comment un homme enclin à la sincérité et à la loyauté, jaloux de faire le bien, et qui en a beaucoup fait, même à des adversaires et à des ennemis, aimé jusqu'au dévouement le plus généreux et le plus rare, par les hommes de bien qui ont vécu dans sa familiarité, peut cependant être jugé par ceux qui jugent de loin, comme un homme effréné et impitoyable.

Je révélerai, puisqu'on m'y a réduit, quelques exemples de cette dureté de cœur. Une ordonnance, il vous en souvient, avait banni de France quelques proscrits. Ce n'étaient pas apparemment des hommes d'une opinion pareille à la mienne. Ardent et passionné comme on me représente, j'aurais été sans doute inflexible et inexorable pour eux. Qu'on le demande à ceux qui ont réclamé mon appui. Qu'on sache d'eux si j'ai hésité à leur tendre une main secourable et affectueuse ! Il y en avait un parmi eux que j'avais connu dans ma jeunesse, et dont une absence de vingt-six années, et la diversité des sentimens politiques m'avait entièrement séparé. Revenu en France, de nouveaux chagrins l'attendaient. Des réclamations, que je secondais de tout mon pouvoir, échouèrent. Des créanciers impatiens le privèrent de sa liberté. Ceci n'était plus dans les attributions du ministre ; mais c'était encore au pouvoir de l'homme. L'homme fit ce qu'il pouvait et devait. Le prisonnier, à son tour, lutta de générosité et de constance. Mais celui qu'on vous dit acharné à la perte de ses ennemis, les consolait et les rachetait.

Les noms de Colmar, de Poitiers, de la Martinique ont été prononcés. M. Hennequin vous parlera de la Martinique : là du moins il n'y aura pas de sang, et je puis attendre. Mais Poitiers, mais Colmar ? Où est le général Pailhès pour vous dire à qui il est redevable de la liberté ? Où est Olanier pour vous dire à qui il est redevable de la vie ? Où est Fradin, où est sa femme si reconnaissante et si malheureuse, pour vous dire par qui et de quel extrême péril il a été préservé ?

De premières tentatives d'embauchage avaient précédé, dit-on, la fatale entreprise de Colmar. Je proteste à la face du ciel que je l'ai ignoré. Le premier avis qui m'ait été donné de cette affaire, m'a été transmis au conseil, quand l'arrestation était faite, lorsque tout était

consommé. Quels que soient les faits antérieurs, le blâme,
s'il y en a, ne peut être jeté sur moi sans injustice et sans
calomnie. Quand j'ai quitté la chancellerie, il y avait
une lettre du procureur-général qui se plaignait à moi de
n'avoir pas été prévenu, et une réponse de moi au procureur-général, où je me plaignais à mon tour de n'avoir
pas été prévenu.

On n'a pas craint de prétendre que j'avais précipita-
ment donné, par le télégraphe, des ordres pour le jugement et pour l'exécution. Cela est faux et même impossible ; car tout dependait d'une juridiction qui n'était pas
elle-même sous ma dépendance.

On a ajouté que j'avais refusé d'entendre ceux qui in-
tercédaient pour les condamnés. Oh ! n'y a-t-il donc plus
de loyauté ni de bonne foi ? Un premier jour, deux personnes vinrent. Elles ne s'étaient point annoncées ; mais
elles dirent le succès de leur démarche, et les portes de
mon cabinet s'ouvrirent à l'instant. Malheureusement ce
qu'elles demandaient était impossible, et eût été inutile :
elles proposaient au ministre de la justice d'user du droit
qu'il avait de se pourvoir, dans l'intérêt de la loi, contre les actes judiciaires, abusifs ou irréguliers. Mais le
jugement, qui n'était même pas connu ce jour-là, était
régulier ; je le crois et dois le croire, car il fut peu
après reconnu pour tel par un arrêt de la cour de
cassation.

Le surlendemain, une lettre me fut écrite, et j'y répon-
dis. On me demandait une nouvelle audience pour le
jour même, et pour une heure qu'on déterminait. C'était
justement l'heure et le jour d'une distribution publique
de prix, à laquelle j'étais tenu d'assister, au nom du
ministre de l'intérieur que je remplaçais, et qui était
absent et malade. Je m'excusai donc ; mais vous croyez

(17)

bien certainement , sur la foi de ceux qui ont tant parlé
de ma lettre , que mon excuse ne fut qu'un refus. Eh
bien , non ; ce fut le contraire. J'annonçais qu'en mon
absence , M. de Vatimesnil , secrétaire-général du ministère , dont personne ne conseste , je crois , la capa-
cité , serait chargé d'attendre et de recevoir les inter-
cesseurs. De quoi donc était-il possible de se plaindre ?
On s'est plaint cependant , et même beaucoup ; mais il
est vrai qu'on citait toujours la première phrase de ma
lettre , et la seconde , jamais.

Quand le pourvoi formé contre l'arrêt de Poitiers eût
été rejeté par la cour de cassation, je voulus prendre ,
sur une affaire si grave, l'avis du conseil et les ordres
du Roi. Plusieurs commutations furent d'abord accor-
dées. Deux condamnés seulement en furent exclus. Quelques voix cependant s'étaient élevées en faveur de Fradin. Le lendemain était le jour du renvoi des pièces.
Le Roi me prescrivit donc de lui apporter, le soir
même, les ordonnances de commutation. Comme je sor-
tais du conseil, je fus informé que Mᵐᵉ la duchesse de
Berry, émue d'une généreuse compassion pour les malheurs de Mᵐᵉ Fradin, avait promis d'implorer pour elle
la clémence du Roi. Prévoyant que cette démarche ne
serait point faite sans succès , et ne voulant ni le con-
trarier ni le retarder, je préparai de ma main un projet
particulier d'ordonnance , pour le joindre à celui qui
avait été délibéré au conseil. Le soir, et l'heure venue ,
je prenais ma robe pour me rendre au château, lorsque
les cris d'une femme, à qui l'huissier refusait l'entrée
de mon cabinet, attirèrent dans l'antichambre le marquis Dalon, qui était chez moi. Au nom qu'elle pro-
nonce, celui-ci courut m'avertir, et moi j'accourus
aussi, ma robe à peine attachée, pour donner, s'il
était possible, quelque consolation à cette pauvre mère.

J'avais quelque espérance alors , et ne me doutais guères
du nouvel obstacle que je devais rencontrer. J'encou-
rageai donc Mme Fradin , et inquiet de l'état où le dé-
sespoir l'avait mise, je lui proposai d'attendre chez moi
mon retour, et la confiai aux soins du marquis Dalon.
Qu'on imagine donc mon étonnement et ma peine , lorsqu'au premier mot que je lui adressai, Louis XVIII ,
jettant sur moi un regard sérieux dont il n'avait pas
d'habitude , « étiez vous aussi du complot, me de-
» manda-t-il ? Ma nièce vient de me parler de cette af-
» faire, et elle a beaucoup insisté. Mais il y a une dé-
» cision du conseil, et je ne dois pas les renverser pour
» des sollicitations. » Ce premier refus à une telle personne , et pour de si graves motifs, ne me laissait plus
aucune espérance. Je n'y renonçai pas cependant , et
comme après une longue attente et de pressantes
prières je restais immobile devant le Roi , refusant de
me retirer qu'il n'eût signé l'ordonnance, sa bonté na-
turelle l'emporta enfin sur la politique , et le malheureux,
déjà si loin de la vie, y fut rappelé.

Mais puisqu'on voulait parler de tant de choses , que
ne parlait-on aussi de l'Espagne ? que ne recherchait-
on par qui ont été provoquées et obtenues les deux
amnisties ? que ne s'enquérait-on à qui doivent leur
salut tant de malheureux qui avaient combattu cependant contre l'armée du Roi ? que ne le demandait-on ,
par exemple, à M. Mangin, dont ils étaient les cliens ?
que ne le demandez-vous à deux des commissaires de
la seconde chambre, en présence desquels il n'a point
refusé de le reconnaître ? que ne cherchez-vous quel
est le ministre qui a subi, à cette occasion même , le
reproche public d'avoir fait abus du droit de grâce ?
Oui, Messieurs, cet accusé qui est devant vous, cet
homme sans commisération et sans indulgence, il y a

plus de trois cents condamnés politiques qui lui sont redevables de la liberté ou de la vie. Prisonnier dans un évènement militaire, s'il me faut une rançon, Messieurs, elle est payée d'avance : j'ai rendu à l'ennemi trois cents têtes des siens pour la mienne.

La calomnie, à qui toute pâture est bonne, ne s'est pas contentée de mon caractère public ; elle m'a poursuivi follement et aveuglément partout où elle a cru trouver du mal à me faire et des esprits crédules à persuader (1). Je n'en ai pas été étonné ; c'est le sort commun des hommes publics. J'ai long-tems dédaigné d'y répondre, autrement que par une vie de plus en plus circonspecte et retirée. Je m'y arrête aujourd'hui, parce que c'est pour moi le tems de dire, et que la dernière fois que l'on parle on n'a rien à mettre en réserve pour un avenir qu'on n'a pas. Tout s'ennoblit d'ailleurs en votre présence.

Ceux donc qui ont pris prétexte de ma fortune ont été cruellement abusés. Par le tableau officiel et comparatif

____

(1) Je raconterai, à cet occasion, un fait qui mérite d'être recueilli. On n'a certainement pas oublié cette pièce de tapisserie qui représentait le jugement de Salomon, et qui a fait, en son tems, quelque bruit. Elle avait été, disait-on, détournée dans les derniers mois de mon ministère, et sa valeur était tantôt de 24,000 fr., tantôt de 40,000.

Eh bien, cette tapisserie, détournée en 1827, était encore, en 1829, au pouvoir de l'Administration. Elle a été mise en vente par l'administration des domaines, sous le ministère de M. Bourdeau. La mise à prix était de *trois cents francs*, et il ne s'est pas trouvé d'enchérisseur. Personne n'en a voulu à ce prix.

qui m'a été délivré, des biens que je possédais en 1821,
à mon entrée aux affaires, ou qui me sont échus l'année
suivante par héritage, et des biens que je possédais
en 1828, quand je suis sorti des affaires, la différence
était de 158 fr. 87 c. sur l'impôt, et de 475 fr. 94 c.
sur le revenu (1). Je n'avais rien de plus au Monde, en
ce tems, si ce n'est des dettes (2). A la vérité, j'avais
marié mes enfans, bonheur illusoire que la mort a
bientôt détruit! Mais leur établissement n'est pas mon
ouvrage. Ce fut un bienfait du Roi, de ce Roi que
la mort a aussi frappé, et dont mon cœur reconnaissant
chérira et vénérera toujours la mémoire. Un écrivain
du plus rare talent a dit, je crois, que l'homme public
devait toujours être prêt à rendre compte de sa fortune.
J'ai suivi son avis, Messieurs, et ne puis guère manquer, à ce qu'il me semble, de m'en trouver bien.
J'ajouterai un mot : Auguste ayant adressé d'injustes
reproches à un chevalier romain, celui-ci, après en
avoir prouvé la fausseté, « César, lui-dit-il, quand tu
voudras désormais t'enquérir de la vie des honnêtes
gens, n'écoute que d'honnêtes gens. » *Post hæc, Cæsar,
quum de honestis hominibus inquiris, honestis mandato.*

Cependant l'heure était venue où l'Administration de

---

(1) Les certificats authentiques de ce fait, délivrés par
le directeur des contributions directes, sont déposés
chez Me Rousse, notaire, à Paris.

(2) Mes dettes s'élevaient, selon les actes, à 112,936 f.
58 c., outre deux rentes viagères, l'une de 2,000 f., et
l'autre de 500 f., créées en 1823 et 1826, et une troi-
sième rente de 1,200 fr., créée antérieurement. Mes
impôts sont de 1,765 f. Mes biens consistent en vigno-
bles, qui ne produisent, depuis cinq ans, aucun revenu.

1821 devait se dissoudre. D'autres tems suivirent, durant lesquels de nouveaux chagrins et de nouvelles injustices vinrent m'assaillir. D'autres évènemens encore succédèrent, précurseurs malheureux de ces grands coups de fortune que nous venons de voir éclater.

En ce tems, je vivais éloigné du monde. On ne me rencontrait point dans le palais du Roi, ni dans les cercles, ni dans les fêtes. Je m'étais ôté du chemin de la fortune. Elle est venue à moi, si c'était elle, quand je l'évitais.

Pourquoi ne l'ai-je pas repoussée ? Quiconque, ami passionné de l'honneur, a été long-tems persécuté et calomnié, et a reçu tout-à-coup une haute marque d'estime, éclatante réparation d'une longue injure, réponde pour moi ! Quiconque a aimé son Roi, en a reçu des bienfaits, et a été appelé par lui en des jours difficiles, réponde pour moi !

On veut savoir quels étaient alors mes desseins. On m'a demandé quelle était ma pensée sur le coup-d'état, et s'il n'est pas vrai que j'en méditais dès ce tems, et en préparais. Je ne répugne point à le dire, Messieurs, d'autant moins que cette pensée que l'on recherche, n'est pas restée secrète, qu'elle s'est produite au-dehors, que elle a été écrite et même imprimée, qu'elle l'a été précisément à l'époque où l'on souhaite de pénétrer dans mes sentimens et dans mon esprit, et qu'elle a par conséquent tout ce qu'il faut pour satisfaire et persuader ceux qui m'interrogent. Voici donc, Messieurs, ce que j'écrivais sur ce sujet à la fin d'avril ; ce qu'on publiait en province, et même à Paris, à la fin de mai, plusieurs jours après mon admission dans le Ministère.

...... « Un coup-d'état peut être légitime, quand il a » pour but, l'affermissement de la constitution. Je dis seu- » lement qu'il peut être, et non pas qu'il est légitime ; parce » que cela dépend encore du choix des moyens, et en

» outre d'une autre circonstance fort considérable , sa-
» voir : que quoiqu'il soit légitime de sauver la consti-
» tution par un coup-d'état , cela n'est pourtant véritable
» qu'à condition que la constitution ne puisse pas être
» sauvée sans ce coup-d'état.

...... » Un coup-d'état peut être légitime , sans que
» ses auteurs soient nécessairement excusables d'y avoir
» recours. Cela arriverait , s'il avait été en leur pouvoir
» d'en prévenir la nécessité , et qu'ils eussent négligé ou
» refusé de la prévenir. Ils seraient inexcusables d'a-
» voir laissé venir la nécessité , et la nécessité venue ,
» ils seraient encore inexcusables de lui résister : triste
» et malheureuse condition d'un homme-d'état !

» Les coups-d'état sont toujours illégitimes quand ils
» ne sont entrepris que pour satisfaire l'ambition de
» ceux qui les exécutent. Je n'en excepte personne :
» princes , grands , ou peuples , il importe peu.

» Les coups-d'état sont aussi de règle commune ,
» odieux et illégitimes , quand ils ont pour but de ren-
» verser la constitution de l'Etat.

...... » Trois choses ; indépandemment de son but ,
» sont à considérer dans un coup-d'état : la nécessité ,
» la nécessité reconnue , et le succès.

» Il ne suffit point que le coup-d'état soit nécessaire ,
» de cette nécessité latente et secrète qui se révèle
» quelquefois à un petit nombre d'esprits par des signes
» douteux et presque insensibles. Il ne faut rien moins
» qu'une nécessité manifeste , éclatante , vulgaire , qui
» persuade et subjugue par l'évidence de sa réalité. Par
» la nécessité , on acquiert le droit d'entreprendre ; par
» la conviction publique , on obtient l'assentiment qui
» donne ou favorise le succès.

» Le succès est la plus indispensable condition des
» coups-d'état. Quelque légitime qu'en soit le but , quel-
» que mesurés qu'en soient les moyens , je n'y peux voir
» qu'une faute dès qu'ils échouent. Ce n'est pas , comme
» on pourrait le croire , parce qu'il est à peu près infail-
» lible qu'ils entraînent dans ce cas la ruine de ceux qui
» les ont tentés ; mais parce que le mauvais succès de la
» tentative ne manque jamais d'accroître la force du
» mal qu'on n'a pu surmonter. C'est l'un des cas , heu-
» reusement assez rares , où il cesse d'être injuste d'in-
» fliger le blâme au malheur.

» La facilité du succès ne serait pas néanmoins une
» raison suffisante d'entreprendre des coups-d'état. Je
» ne sache rien en quoi il fût plus dangereux de faire en
» tout tems , tout ce qu'on pourrait....... Qui touche-
» rait trop souvent à la constitution d'un pays , même
» pour la fortifier, courrait grand risque de n'en re-
» cueillir d'autre fruit que d'avoir enseigné à ses adver-
» saires comment ils y pourront toucher à leur tour pour
» la renverser.

» ..... Les coups-d'état peuvent devenir une res-
» source , une faculté, un devoir, je n'oserais le nier ;
» mais je n'y sépare point la faculté du devoir. C'est
» une sorte d'affaires où l'on ne peut que ce que l'on
» doit , et où l'on ne doit même que ce que l'on peut.
» Tant que l'entreprise n'est pas indispensable , on n'a
» pas le droit ; tant qu'elle n'est pas possible , il n'y a
» pas de devoir.

» L'extrême habileté serait de faire que cette en-
» treprise ne devînt jamais indispensable. La plus
» grande habileté après celle-là serait de faire qu'elle
» ne fût jamais en même tems impossible et indis-
» pensable.

» De tous les devoirs que la fortune peut imposer
» à l'homme d'état, voilà sans contredit le plus rare
» et le plus étrange. Aux autres, on doit aller au-
» devant ; à celui-ci, la plus belle louange est de
» l'éviter. »

Voilà, Messieurs, ce que je pensais et ce que je
disais ; voilà quel était alors et quel est encore aujourd'hui mon sentiment sur cette importante ques-
tion ; et s'il eût été vrai, comme on l'a exprimé dans
l'un de mes interrogatoires, que je cherchâsse quelquefois à influer, par ces sortes de publications, sur
des esprits élevés au-dessus de moi, on pourrait juger
maintenant dans quelles pensées j'aurais voulu les affer-
mir par cette influence.

Et cependant la résolution a été prise, et les ordonnances ont été faites, et elles ont été signées, et mon
nom s'y trouve. Pourquoi les ai-je signées ? Le secret en
est dans mon cœur, et ne doit pas en sortir. Il y est
accompagné d'amertume et de souvenirs douloureux.
Que résoudre d'ailleurs, et que faire ? La crise était
imminente ; les esprits les moins clair-voyans n'en dou-
tent plus. Quelque parti que l'on prît, soit pour attendre,
soit pour prévenir, elle ne pouvait manquer d'éclater.
Etait-ce bien le moment pour un vieux serviteur du Roi,
qui ne pouvait plus rien empêcher, qui avait déjà tant
souffert, et qui avait aussi reçu tant de graces, était-ce
bien le moment de se racheter du péril, et d'aggraver
par une retraite inopportune et intéressée, les embarras
d'une position où il y en avait déjà de si dangereux ?

J'ai suivi tristement et résolument le mouvement imprimé, et malgré les chagrins dont le poids m'accable,
certain comme je le suis, de n'avoir par mon adhésion,
rien ajouté aux évènemens qui se préparaient, bien que

je ne puisse me consoler des malheurs sans nombre aux-
quels j'ai pris part, j'ose à peine chercher en moi-
même si je me repens de mes propres malheurs. Encore aujourd'hui, Messieurs, et en votre présence,
j'éprouve une sorte de joie triste et amère, de n'avoir
pas séparé mon sort de celui de mes bienfaiteurs, et
d'avoir confondu par ce dernier témoignage d'abnégation
et de gratitude, ceux en petit nombre, j'espère, qui
n'avaient pas craint d'étendre jusqu'à moi, l'injure de
leurs mécontemens et de leurs doutes.

Quelques personnes se sont étonnées que je me
soie séparé du Roi. Je rends grâce de cette surprise
à ceux qui l'ont éprouvée. Elle m'a fait voir qu'ils me
jugeaient bien, et qu'ils attendaient de moi précisément
ce que j'ai fait. Non, je n'ai pas imité l'exemple du
comte de Melford (1) ; non, je n'ai pas déshonoré mon
malheur par des lâchetés. Je pouvais fuir le 29 et le 30 ;
il en était encore tems. Une retraite m'a été offerte,
et je ne l'ai pas acceptée. Je n'étais plus ministre cependant, et n'en avais plus les devoirs. Mais à défaut
de ceux-là, il me restait ceux de l'honneur. Je ne me
suis éloigné que sur l'ordre du Roi, sur son ordre
formel et réitéré ; quand il n'y avait plus d'espérance,
pas même de mourir à côté de lui ; quand la fuite,
devenue presque impossible, n'était pour moi qu'un
danger de plus (2).

---

(1) Le comte de Melford n'attendit pas l'effet de ses
conseils. Il se retira immédiatement en France, em-
portant avec lui un acte de pardon, muni du grand
sceau. *Histoire de la Révolution de* 1688, tome III,
page 222.

(2) Celui qui m'a reconnu et fait retenir, est un ancien fonctionnaire public qui avait été privé de son

Le sang a coulé : voilà le souvenir qui pèse à mon cœur. Paix à ceux qui ont succombé ; paix et consolation à ceux qui ont survécu. Quelque dur qu'ait été mon sort, quelque grandes qu'aient été les injustices qui m'ont été faites, aucun sentiment ne peut surmonter en moi celui de la sympathie et de la pitié. Rien ne peut m'empêcher de verser des larmes sur le sang qui a été versé. J'en devrais davantage, si j'avais été cause de ces malheurs ; j'en dois encore beaucoup, quoique je ne me les reproche point. Que les amis et les ennemis acceptent également ce triste et légitime tribut que je leur paie à tous, et que je leur paierais encore quand même ils le repousseraient. Un malheureux, frappé comme moi, n'a guère plus que des larmes, et l'on doit peut-être lui tenir compte de celles qu'il ne garde pas pour lui-même.

---

emploi, en 1820. Son seul desir était d'obtenir une pension de retraite ; mais il n'avait pas le tems de service nécessaire. Quand je fus devenu ministre, il vint demander mon appui. Sa conduite publique et sa disgrâce récente rendaient la chose assez difficile. Néanmoins je surmontai les obstacles. Il eut un nouvel emploi, et quand ses services eurent atteint la durée légale, je lui donnai sa pension. Peut-être dois-je attribuer aux nombreuses visites qu'il me faisait alors, le souvenir qu'il a gardé de mes traits. Mais je ne regrette point le bien que je lui ai fait, et je lui pardonne du fond du cœur le mal qu'une préoccupation malheureuse l'a porté à me faire.

(Extrait du *Moniteur* du 26 décembre 1830.)

De l'imprimerie de Mme V. Agasse, rue des Poitevins, n° 6.

www.ingramcontent.com/pod-product-compliance
Ingram Content Group UK Ltd.
Pitfield, Milton Keynes, MK11 3LW, UK
UKHW021637130726
13696UKWH00005B/2257